AF360155

LETTRES

AUX

GENS DE FROTEY

SUR UNE COMMUNE MODÈLE

PAR

AUGUSTE GUYARD

Auteur des *Quintessences*, anc. réd. en chef du *Bien Public*.

« Connais-toi toi-même »

DE LA DIGNITÉ DE L'HOMME.

Prix : 1 Franc.

Au profit de l'Œuvre sociale de Frotey-lez-Vesoul

PARIS

E. DENTU, ÉDITEUR,
PALAIS-ROYAL, GALERIE D'ORLÉANS.

Mme G. MAILLEY,
23, RUE CASSETTE, 23.

1863

APPEL

A mes anciens souscripteurs, à mes élèves, à mes amis et aux amis de mes amis ; à tous ceux qui me connaissent et qui m'estiment ; à toutes les personnes généreuses qui veulent laisser après elles une œuvre qui reste, et des noms bénis gravés sur l'airain et dans les cœurs d'une commune.

Ces lettres sont en même temps un livre et le commencement d'une œuvre sociale de la plus haute importance.

L'œuvre a pour but d'élever la petite commune de Frotey-lez-Vesoul (Haute-Saône) — lieu de ma naissance, — au rang de commune modèle, surtout au point de vue moral.

Le livre, publié au profit de l'œuvre, doit la préparer, l'expliquer et commencer à la réaliser. Il formera un volume de 200 à 250 pages publié en dix ou douze livraisons à 1 fr.

Le prix de l'ouvrage entier est de 10 fr.

L'œuvre comprend : des coopérateurs, des bienfaiteurs et des co-fondateurs.

Tout souscripteur à un exemplaire des *Lettres aux gens de Frotey* sera inscrit au livre d'honneur des coopérateurs.

Tout souscripteur à 10 exemplaires sera inscrit au livre d'honneur des bienfaiteurs.

Tout souscripteur à 100 exemplaires sera inscrit au livre d'honneur des co-fondateurs.

Mais tous les noms inscrits à ces trois livres d'honneur, Dieu les gravera lui-même au livre de la vie éternelle.

Les titres de coopérateurs, de bienfaiteurs ou de co-fondateurs pourront être aussi accordés aux personnes qui, ne pouvant pas souscrire de leur bourse, rendraient à l'œuvre d'autres services.

Adresser les communications qu'on aurait à faire à l'auteur, chez Mme G. Mailley, 23, rue Cassette, à Paris.

BULLETIN

De l'Œuvre de Frotey-lez-Vesoul.

Chacune de ces lettres sera désormais précédée ou suivie d'un bulletin destiné à tenir mes souscripteurs au courant des progrès de notre œuvre commune. Ce bulletin prélude au *Journal de Frotey*, qui sera d'abord mensuel pour devenir hebdomadaire, et qui sait? peut-être un jour quotidien. Plus d'un grand fleuve ne commence-t-il pas par être un filet d'eau? Le premier numéro du *Journal de Frotey* paraîtra immédiatement après ma dernière lettre aux gens de mon village.

Pour premier bulletin, je donne une lettre écrite ces jours derniers à l'un de mes frères, Ferjeux Guyard, qui habite le Mexique depuis tantôt vingt-cinq ans. J'ai pensé que ce récit intime des débuts de mon œuvre, quoique fait à la plume courante, ennuierait moins le lecteur que la sécheresse ordinaire d'un compte rendu.

Paris, 28 mai 1863.

Mon bon frère et ami,

Le 31 avril dernier, vers dix heures du soir, l'Orient et l'Occident montaient ensemble dans le chemin de fer de Paris à Besançon, personnifiés en deux hommes, en deux amis. L'un jeune Persan de vingt-six ans, fils du ministre et secrétaire général du ministère des affaires étrangères de Perse ; l'autre, Français grisonnant, modeste homme de lettres, qui ne se pique pas d'être toujours un homme de lettres modeste. Les deux amis se blottirent chacun dans un coin de leur wagon et dormirent ou feignirent le sommeil jusqu'au lendemain.

Ils s'éveillèrent en Bourgogne avec l'aube. Quand ils eurent mêlé leur hymne intérieur aux religieux *tuuituuitibi* de l'alouette qui montait au ciel du milieu des vagues d'or et d'émeraude des navettes et des blés, comme une fusée mélodieuse; quand ils eurent admiré les montagnes et les vallées si pittoresques de la Côte-d'Or, et ses longs tunnels, et ses riches vignobles, et ses fertiles campagnes, le Français tira de son portefeuille une lettre à lui adressée qu'il donna à lire à son jeune ami persan. Cette lettre disait :

« Mon cher monsieur Guyard,

» Je vous retrouve avec bonheur à la tête d'une entreprise toute civilisatrice, dans vos *Lettres aux gens de Frotey* que vous voulez bien m'adresser. Je me souviendrai toujours avec plaisir et reconnaissance des travaux si utiles et si honorables pour vous, consacrés par vous au *Bien public* de Mâcon en 1847 et 1848. Votre nom est devenu ainsi pour moi le nom d'un compatriote et d'un ami, recevez-en l'assurance, et croyez que partout où vous le placerez pour diriger le peuple dans la voie du bien et du beau, vous me trouverez uni de zèle et d'amitié dans la même pensée. La politique, aujourd'hui, c'est le peuple ; faisons-le bon, et nous la ferons-belle. »

« ALPH. DE LAMARTINE.

« Paris, 22 avril 1863. »

De plus, ajoutai-je, notre divin Bulbul (1) a bien voulu, sur ma demande, me donner pour le futur musée de mon village, un de ses plus beaux portraits, au bas duquel, d'une main à demi paralysée par la maladie, il a écrit ces mots :

« A la commune de Frotey, avec mes œuvres complètes. »

(1) Rossignol, mot persan.

Et ce portrait, mon cher Suleyman Khan, — c'est le nom de mon jeune ami, — nous l'emportons avec nous à Frotey, en même temps que les 30 volumes déjà parus des œuvres complètes, qui en auront quarante.

Hélas! mon cher Ferjeux, depuis cette lettre et ce don généreux par lesquels M. de Lamartine s'associait le premier à mon œuvre, une perte irréparable est venue mettre le comble aux malheurs qui ont, depuis quinze ans, si cruellement éprouvé la grande âme de notre illustre concitoyen. La noble, la généreuse, la sainte compagne de sa rude traversée a succombé sous le poids des humiliations qu'elle supportait avec un si fier courage, une si sublime résignation. Les partis, jusque-là sans pitié, se sont enfin émus devant cette mort qui enlevait à la France la moitié de la vie du plus divin de ses poëtes. Les larmes de la France entière mêlées à celles de l'époux inconsolable, sur la tombe trois fois chère qui renferme les restes mortels de sa femme, de sa fille et de sa mère, lui en adouciront sans doute l'autre moitié. Mme de Lamartine a laissé aussi en mourant, à celui qui fut le si digne objet de son culte, un autre ange de consolation, Mlle Valentine de Cessiat, sa nièce, pour parler avec lui de l'immortalité des morts, en attendant l'heure désirée du revoir éternel. Quant à moi, depuis le cruel événement qui a changé en un sanctuaire de douleur le modeste réduit de M. de Lamartine, je n'ai encore osé ni l'aller voir, ni lui écrire; je me contente de lui envoyer des cartes.

Après avoir lu la lettre que je lui présentais, Suleyman Khan, à son tour, tira de sa poche et me remit un écrit ainsi conçu :

« Mon cher papa,

« En arrivant en France, j'ai retrouvé en vous un second père, en Mme Guyard une second mère, en tous vos enfants d'autres frères et d'autres sœurs. Comme vous m'avez adopté, j'adopte votre famille.

« Vous allez commencer dans votre village natal une œuvre sociale que j'admire. Puisque vous y associez vos enfants, c'est mon droit et mon devoir d'y travailler avec vous. Dans ce but, je souscris à votre commune modèle pour une somme annuelle de trois cents francs tant que je resterai à Paris, et de cinq cents francs quand je serai de retour en Orient. Vous et vos enfants disposerez, comme vous l'entendrez, de cet argent dans l'intérêt de notre œuvre commune.

« Mais laissez-moi associer aussi à mon intention, tous les jeunes Persans qui sont venus, comme moi, compléter leur éducation en France, et qui tous, ainsi que moi, aiment la France comme la sœur de leur mère asiatique. Car la Perse et la France sont deux vieilles sœurs sorties des flancs de l'antique Arie ; on le reconnaîtrait à cela seul que seules dans le monde elles n'ont jamais connu le régime des castes. Ma souscription à l'œuvre de Frotey est un faible témoignage de la reconnaissance des jeunes fils de l'Iran à leur illustre tante, la France, pour sa généreuse hospitalité envers ses neveux.

« SULEYMAN KHAN.

« Paris, 30 avril 1863. »

Pour toute réponse, la paupière humide, j'embrassai Suleyman avec une force qui voulait dire : Ma vie désormais appartient à la Perse comme à Frotey. L'émotion qui avait envahi mon cœur m'empêcha d'admirer, comme elles méritent de l'être, les vastes plaines si bien cultivées qui s'étendent de Dijon à Auxonne et à Dôle. La nature ne reprit son empire tout puissant sur mon âme qu'à la vue des monts Jura, qui m'annonçaient l'approche de Besançon.

Nous y arrivâmes vers midi. Suleyman fut saisi d'admiration à l'aspect de cette ville forte par excellence, de cette ville vraiment imprenable, défendue qu'elle est par de hautes montagnes couronnées de forts; par le Doubs, aux belles eaux vertes et profondes; par une citadelle de Vauban; par une double ceinture de fossés et de remparts; et plus encore par cette bravoure franc-comtoise, qui répondra toujours par un entêté : « Nenni, ma foi ! » à toute sommation de se rendre. Moi, je saluai de cœur et d'esprit la vieille cité séquanaise, romaine, allemande, espagnole et française, — dernière qualité qui comprend les quatre autres, — où les deux apôtres Ferréol et Ferjeux vinrent confesser le christianisme par le martyre ; la cité guerrière, savante, religieuse, industrielle, qui, pour se désennuyer au fond de son entonnoir de montagnes, toute la journée bat le tambour, tire le canon, sonne les cloches, dit son chapelet, étudie, fabrique des abbés et des bacheliers et fait des chronomètres sans pareils pour prouver que compter, mesurer le temps n'est pas toujours le pire moyen de le tuer.

Après nous être installés à l'hôtel de l'Europe, le meilleur et le moins cher des hôtels de Besançon, je courus embrasser mon vénéré maître et ami, M. Pérennès, doyen de la Faculté des lettres et secrétaire perpétuel de l'Académie de Besançon, Athénien au cœur d'or, dont j'ai toujours la voix dans l'oreille comme le souvenir dans le cœur; M. Charles Weiss, l'un des plus savants bibliothécaires de l'Europe, esprit charmant, malgré ses 24 olympiades, et que M. de Lamartine appelle le type du gentilhomme de lettres. Ces deux amis, si dignes l'un de l'autre, ont applaudi à mon œuvre sociale, m'ont promis leur sérieuse coopération et ont souscrit avec l'empressement des fortunes médiocres à mes *Lettres aux gens de Frotey.*

Je n'eus pas le plaisir de rencontrer M. le président Bourgon, l'intelligent magistrat qui travaille aussi à l'éducation de son village, c'est-à-dire à prévenir le mal pour n'avoir pas à le punir. Mais, par compensation, j'ai fait la connaissance de M. Valfrey, rédacteur en chef d'une feuille quotidienne, la *Franche-Comté.* Ce jeune écrivain, d'autant de bienveillance que de talent, a mis généreusement son journal à ma disposition, et déjà il a publié deux articles sur Frotey.

Le temps me manque, mon cher Ferjeux, pour vous raconter en détail nos excursions dans la ville et dans les environs, avec M. Pérennès, pendant deux jours.

Le samedi, 2 mai, après nous avoir offert à déjeuner dans un jardin fleuri de lilas, au pied d'un belvédère, sur le flanc nord de la citadelle, au-dessus du Doubs, en face de ces eaux, reines des eaux et de mon cœur, qui ont pour moi l'attrait d'une femme aimée, M. Pérennès nous conduisit en voiture par les pentes insensibles d'une route en zigzag sur les flancs des montagnes et jusqu'à leur sommet, admirer les ruines féodales du château de Montfaucon. Ces ruines s'élèvent majestueusement sur un des points culminants du troisième plateau du Jura, duquel point l'on voit le Doubs serpenter du côté de Besançon à travers les vallées étroites, comme un boa gigantesque, sans commencement et sans fin. J'ai rapporté de cette délicieuse promenade des impressions rendues ineffaçables par l'enthousiasme dans lequel nous jette la nature quand il est partagé par l'amitié.

Le lendemain, dimanche, avant midi, nous visitâmes la formidable forteresse bizontine assise sur un grand rocher à pic, dont les strates se relèvent presque verticalement. Les faces nord et sud de ce rocher forment deux longs arcs de cercle tangents comme les courbes d'un x. De là l'œil embrasse parfaitement le fer à cheval que décrit le Doubs autour de la ville de Vercingétorix, de César, de Charles-Quint et de Louis XIV. Le grand Buffon vint exprès visiter ce rocher curieux, unique peut-être dans le monde.

A onze heures, nous donnions à M. Pérennès le baiser d'adieu ; et à midi nous glissions à toute vapeur dans les gorges des monts abrupts que traverse ou cotoie la voie ferrée de Besançon à Belfort. Dans notre wagon était un beau jeune homme, qui revenait d'Amérique, où il était allé guerroyer en amateur.

En arrivant à Paris, le hasard lui avait fait lire ma première lettre aux gens de Frotey ; il était de Frotey et neveu de l'un des amis que je nomme dans cette lettre ! ! ! Nous vîmes Baume-les-Dames, l'Isle-sur-le-Doubs Montbéliard , puis Héricourt où catholiques et protestants prient fraternellement dans le même temple ; et à trois heures et demie, nous montions à la citadelle de Belfort, beaucoup moins élevée que celle de Besançon. Delà nous aperçûmes, avec une lunette, les cimes neigeuses des Alpes et des Vosges. En descendant, nous serrâmes la main à une amie, esprit et cœur des plus distingués, et à six heures nous prenions le train pour le chef-lieu de la Haute-Saône. Deux heures après avoir laissé derrière nous les ballons d'Alsace, les montagnes de Lure et de Melisey, la Motte de Vesoul dessinait à nos yeux sa mamelle d'amazone sous le voile étoilé de la nuit.

Nous sommes arrivés au milieu des fêtes splendides du concours régional agricole dont Vesoul gardera un long souvenir. J'y ai pris peu de part. J'ai surtout assisté à la distribution des récompenses où mon père et mon frère Stanislas ont reçu des médailles pour leurs belles collections de graines et de fleurs. Je ne venais à Frotey que pour y poser la première pierre de l'œuvre à laquelle j'ai consacré le reste de ma vie, et mes occupations me rappelaient à Paris.

Dès le lendemain je me mis donc à l'œuvre, j'allai visiter les écoles très-bien tenues par l'institutrice Mlle Bénétulie, et par l'instituteur M. Bonnamy tous deux très-zélés pour mon œuvre. Un courant sympathique s'établit de suite entre les enfants et moi. Ils semblaient pressentir les grandes choses que nous devions accomplir ensemble. Je compris alors mieux que jamais les tendres préférences de Jésus pour les petits enfants. Vrais, purs, sans préjugés, avides de science et confiants dans les énergies divines qu'ils sentent en eux, ils sont les assises de cette société nouvelle, de ce royaume du Christ dans lequel nous ne pourrons entrer qu'en leur ressemblant.

Aussi commencé-je par l'éducation sur laquelle je veux concentrer d'abord tous mes efforts et toutes mes ressources.

Pour créer à Frotey la gratuité de l'enseignement, j'ai imaginé de donner à chaque enfant 50 c. par mois, — 6 fr. par an, somme égale au prix d'écolage pour chaque enfant. C'est à la fois une rémunération du travail intellectuel et une récompense d'assiduité à l'école. Ceux qui manqueront deux classes par mois, n'auront que 25 cent. Ceux qui en manqueront quatre n'auront rien. Est-ce le meilleur moyen d'attirer les enfants à l'école ? je n'en sais rien ; mais, comme notre Constitution, mes moyens sont perfectibles.

J'ai fondé aussi des prix et des croix dont la première distribution aura lieu au 15 août prochain, jour de la fête paroissiale. Les croix seront en argent, portant d'un côté un soleil persan ; de l'autre, le nom en arabe de Suleyman Khan.

La musique est un des plus puissants moyens d'adoucissement des mœurs et de civilisation. Si elle a construit des villes avec la lyre d'Orphée, elle pourra bien m'aider à rebâtir un village avec l'orgue-harmonium portatif de M. Debain. Aussi me suis-je empressé d'en envoyer un qui servira aux écoles pendant la semaine, et à l'église les dimanches et fêtes. Bien plus, un homme de bien, l'un des professeurs de Paris les plus distingués et les plus à la mode, mon ami M. Dessirier, auteur d'une méthode de musique vocale qui conduit en quelques mois des enfants de 5 à 6 ans à chanter à première vue et à écrire un air sous la dictée, m'a promis d'aller aux prochaines vacances instituer à Frotey un cours de chant. Vesoul profitera, je l'espère, de cette heureuse occasion d'organiser, pour ses fêtes à venir, les chœurs populaires qui manquaient au dernier concours régional.

Voilà, mon cher Ferjeux, tout le peu qui est fait déjà, peu est bien dit ; mais il fallait débuter aujourd'hui la chose existe, elle fonctionne ; c'est l'important ; « chose commencée, dit le proverbe, est à moitié faite. » Maintenant il faut que l'œuvre vive et qu'elle marche ; elle vivra, elle marchera. J'en ai la foi, que partagent ma femme, mes enfants, notre bon père et notre frère Stanislas ; vous la partagerez vous-mêmes, si vous considérez sous quels favorables auspices je débute.

Rappelez-vous d'abord les lettres de M. de Lamartine, de Suleyman Khan; la collaboration de MM. Pérennès, Ch. Weiss, Valfrey, Dessirier, puis comptez les patronages et les encouragements qui suivent :

M. Gustave Rouland, conseiller d'Etat, secrétaire général de l'instruction publique et des cultes m'a obtenu de M. le ministre, pour Frotey, un premier lot de cent et quelques volumes qui, avec les quarante volumes de M. de Lamartine, formeront un respectable noyau de bibliothèque communale.

M. Emile Deschamps le charmant poëte, la bienveillance et l'esprit incarnés, qui a du cœur à revendre aux plus jeunes et de l'esprit comme quarante — ce qui sans doute lui a fermé jusqu'ici les portes de l'académie. — Emile Deschamps est dévoué âme et bourse à mon œuvre ; dévoué au point d'avoir accepté d'avance le titre de membre de la petite académie de Frotey ! La pudeur m'empêche de vous donner des extraits des lettres trop flatteuses qu'il m'écrit à ce sujet.

Une dame d'un esprit supérieur, Mme Isoard, la jeune femme de l'éminent préfet de la Haute-Saône a eu la bonté de venir avant mon départ visiter les écoles de Frotey, examiner les enfants, leur donner des bonbons et des sourires et promettre de revenir le plus souvent possible. Mme Isoard comprend l'importance de l'éducation des femmes. Ce sont elles qui font les hommes. Elle sait qu'instruire les jeunes filles c'est ouvrir dans chaque famille une école où bien rarement les hommes ont le temps et la patience de se faire instituteurs.

M. Dornier inspecteur des écoles primaires à Vesoul est venu m'adresser des félicitations au nom des instituteurs de l'arrondissement et m'offrir une coopération sympathique que j'ai acceptée avec une vive gratitude.

M. l'avocat Longchamps, auteur d'un travail de bénédictin sur les communes de France, qui lui vaudra la croix, je l'espère, m'a fourni, avec une bienveillance parfaite, des notes pour l'histoire de Frotey.

Outre la *Franche-Comté,* d'autres journaux le *Siècle,* le *Journal de la Haute-Saône,* la *Presse Grayloise,* le *Courrier de la Montagne,* de Pontarlier, m'ont donné une large hospitalité et de nouveaux amis dans M. Filingre, red. en chef de la feuille vésulienne, et dans M. A. Simon, rédacteur du *Courrier.*

Parmi mes souscripteurs dont vous lirez la liste dans ma 3e lettre, je vous citerai : Mirza Hassan, 1er secrétaire de l'ambassade de Perse à Constantinople, la bonté même.

M. Bazaine et M. Molard, deux des plus éminents ingénieurs en chef des chemins de fer français ;

M. Vadon, inspecteur du chemin de fer de Paris à Lyon.

MM. les docteurs Chancerelle, Poujade, Chevandier trois des plus savants homœopathes de France.

M. Achille Albités, le savant professeur de littérature française du Collége de Birmingham.

M. Gérome, le plus jeune de nos chefs d'école que l'Académie de peinture comptera bientôt parmi ses membres.

M. Galimard l'un aussi des maîtres de la palette, l'auteur de l'*Ode,* au Luxembourg ; de la *Victoire* récompensée d'une médaille d'or par le roi d'Italie ; de la *Visitation* commandée pour la chapelle des Tuileries ; des vitraux de Ste Clotilde, etc. M. Galimard m'a donné pour Frotey les grandes photographies de ses œuvres, magnifique noyau de musée.

L'excellent M. de Coucy, conservateur des Forêts à Vesoul, le type de l'homme bien élevé.

M. Lahérard, payeur du département de la Haute-Saône, agriculteur distingué.

Enfin, mon cher ami, nous sommes revenus à Paris comblés par les gens du village de marques de sympathie et de reconnaissance pour nos bonnes intentions.

Ainsi on nous a offert à la maison commune un déjeuner auquel assistaient M. le curé, M. le maire, l'instituteur et l'institutrice et pendant lequel les enfants des écoles sont venus nous présenter des bouquets et des compliments que nous n'avons acceptés, bien entendu, qu'à titre de souvenir et d'encouragement.

Au diner d'adieu que nous a donné Stanislas et auquel il avait convié une partie des notables habitants, M. Vernerey maire de Frotey et M. Colombier, conducteur des ponts et chaussés ont porté un toast au succès de l'œuvre en nous renouvelant l'assurance que nous pouvions compter sur leur concours actif et dévoué et sur celui du conseil municipal et de toute la commune.

Maintenant, mon cher Ferjeux, vous me demanderez sans doute en quoi consiste la commune modèle que je veux fonder et quel est mon programme. Le programme de mes institutions et de mes moyens, vous les lirez en tête de ma 3e lettre. Sachez seulement pour aujourd'hui que, par commune rurale modèle, j'entends une petite société de 1500 ou 2000 âmes environ émancipée de la pression des chefs-lieux et des grands centres ; douée d'une grande initiative, dans la limite des lois ; ayant une personnalité aussi accusée que la commune anglaise, que Paris; une capitale en miniature, enfin.

Ma première *Lettre aux gens de Frotey* dont vous m'avez fait tant de compliments m'a valu plusieurs reproches.

On m'a reproché d'abord, et avec raison, de n'avoir pas blâmé ma cruauté d'enfant envers les nids et les œufs des petits oiseaux. C'est un oubli que je répare dans mon programme par une action qui vous fera plaisir.

On s'est blessé à Quincey du récit de notre fameuse bataille de 3 contre 17 et du mot de *Farots* que j'emploie si innocemment. Je n'avais d'autre but cependant que de raconter des mœurs barbares aujourd'hui perdues, grâce à Dieu. Les *Farots* de Quincey et les *Pékins* de Vesoul et de Frotey sont aujourd'hui d'excellents amis. Nos chers voisins de Quincey sauront plus tard mes intentions bienveillantes à leur égard. J'en dis autant de nos autres bons voisins de Colombe qui viennent de faire coup sur coup deux pertes si cruelles dans M. Charles de Colombe et Mme Clotilde de Colombe son angélique compagne. J'ai le vif désir de faire profiter ces deux communes de plusieurs des institutions que je me propose d'établir à Frotey.

Enfin une personne plus riche et plus dévote que chrétienne orthodoxe m'a demandé pourquoi moi, sans fortune et chargé de famille, je m'occupais ainsi des autres au lieu de travailler pour moi-même et pour mes enfants d'après cet axiome théologique :

» Charité bien ordonnée commence par soi-même. »

Je lui ai répondu que son aphorisme théologique était d'un égoïsme peu intelligent, peu moral, antisocial; que le Christ, les saints, les philosophes avaient pratiqué la maxime contraire :

» Charité bien ordonnée commence par les autres. »

Et l'expérience et la raison, mon cher Ferjeux, m'ont démontré qu'ils sont dans le vrai à tous les points de vue. S'occuper d'abord des autres c'est de l'égoïsme bien entendu, car nous sommes et nous vivons bien plus dans autrui que dans nous-mêmes. L'homme est aussi plus généreux et le dévouement, plus contagieux qu'on ne pense. Il est bien rare, en s'occupant des autres, qu'on ait besoin de s'occuper de soi.

Stanislas s'est associé à mon œuvre en qualité de coopérateur ; notre cher père comme bienfaiteur ; vous voudrez vous y associer vous-même en qualité de cofondateur, j'en suis bien sûr.

Le prochain paquebot m'apportera sans doute votre souscription avec la bonne nouvelle de la prise de Puebla et de Mexico. Ah s'il pouvait vous apporter vous-même avec tous les chers vôtres !

AUGUSTE GUYARD.

DÉDICACE

A M. LE DOCTEUR CHANCERELLE PÈRE.

J'aborde, dans cette lettre, le sujet habituel de nos longs entretiens philosophico-théologiques ; laissez-moi donc, mon cher ami, vous la dédier en souvenir de ces chères causeries où la divine tolérance et la sainte amitié rapprochent d'autant plus nos cœurs, que la discussion semble creuser entre nos esprits un abîme plus profond.

Deux manières contraires d'expliquer le monde et l'homme divisent les théologiens et les philosophes :

Ou bien l'homme et le monde, absolument séparés de l'Etre des êtres par la substance, sont un jour, à la voix d'un Dieu pur esprit, sortis du néant dans lequel ce Dieu peut les replonger à chaque instant ;

Ou bien ils sont l'émanation d'un Dieu éternellement créateur, substance unique de tout ce qui est, Moi de l'Univers infini, et l'homme trouve dans un passé sans commencement la garantie d'un avenir sans fin.

La première explication est celle de l'Eglise catholique et de ses docteurs ; elle est aussi la vôtre ; et j'admire toujours, mon cher ami, avec quelle richesse et quelle profondeur d'aperçus vous savez la soutenir.

Pour moi, j'adopte la seconde. Avec les premiers Pères de l'Eglise — ex-platoniciens qui ne voyaient guère dans le christianisme naissant qu'une nouvelle secte philosophique — avec saint Justin, Athénagore, saint Clément d'Alexandrie, etc., je crois à la doctrine de l'émanation ; avec Tatien, disciple de saint Justin et le grand Origène, je crois à l'unité de substance, comme plus tard y crurent Scot-Erigène et saint Anselme.

Cette doctrine, vous le savez, va mieux à la tournure de mon esprit. Elle me semble aussi plus conforme à la nature ou à l'apparence des choses; elle me donne une plus haute idée de l'homme; elle m'offre des solutions plus logiques, plus satisfaisantes des problèmes qui tourmentent l'humanité : l'origine et la destinée des êtres, la fin de l'homme; l'union de l'esprit et de la matière; l'existence simultanée du bien et du mal; l'immortalité de l'âme, etc.; elle me rend évidentes l'égalité et la fraternité des hommes; enfin, l'unité de substance se trouve, pour moi, confirmée dans l'Evangile et dans cette union hypostatique de la nature divine et de la nature humaine en Jésus-Christ, dont l'Eglise a fait son principal article de foi.

Si mon opinion, à certain point de vue, est moins orthodoxe que la vôtre, mon cher ami, elle est aussi sincère; Dieu et la conscience n'en exigent pas davantage.

Mais il y a, selon moi, deux sortes d'orthodoxies : l'une qui, outre les trois ou quatre grands dogmes essentiels communs à toutes les Eglises, comprend d'autres dogmes spéciaux à telle ou telle religion, à telle ou telle secte; celle qui, par exemple, distingue et sépare l'un de l'autre, le judaïsme, le christianisme, le mahométisme : orthodoxie relative et parconséquent sectaire, étroite et variable. Quoique cette espèce d'orthodoxie divise les hommes en cultes ennemis et produise, encore de nos jours, de ces guerres impies dans lesquelles des enfants de Dieu s'entretuent au nom de leur Père, je la tiens pour très-légitime. La variété dans l'unité est nécessaire en toute chose; elle est un des deux grands aspects de la loi vivante de l'Univers. La variété doit donc exister dans la religion comme elle existe dans la constitution, les goûts, les sentiments des hommes; c'est elle qui crée notre individualité, notre moi. Sans la diversité et la multiplicité, l'homme ne serait point un être libre et personnel; il s'évanouirait dans le panthéisme.

L'autre orthodoxie ne comprend que les dogmes fondamentaux communs à toutes les religions : l'existence de Dieu; la fraternité des hommes; l'immortalité de l'âme et la sanction de la loi morale : c'est l'orthodoxie absolue, vaste, immuable. Cette orthodoxie unifiante qui ramène le divers à l'identique et le multiple à l'unité — autre aspect de la loi vivante de la nature — n'est pas moins légitime et nécessaire que l'orthodoxie sectaire ; car sans l'unité dans la variété, il n'y aurait pas de société possible ; le monde tomberait en dissolution ; l'absolu s'évanouirait dans le relatif ; Dieu, dans l'homme.

Cette grande orthodoxie-là sera, je l'espère, avec la tolérance religieuse, le dogme et la gloire de notre siècle. Elle ne détruira pas la vôtre, mon cher ami, elle éteindra seulement, dans un large support mutuel, les brandons de discorde et de guerre fratricide que renferme l'orthodoxie relative. Mais cela ne se fera pas de soi-même ; chaque religion, chaque secte, y devra mettre du sien.

A l'œuvre donc, hommes d'intelligence, de paix et de bon vouloir de toutes les religions et de toutes les sectes : *Sursum corda!* Sortons un instant de l'étroitesse de nos dogmes particuliers pour nous élever ensemble et communier sur les hauteurs au sein des dogmes universels ! Et si là, par hasard, il y avait encore des froissements, *Excelsior !* montons plus haut ! Elevons-nous jusqu'à Dieu, source commune, principe fondamental, lien indissoluble des êtres ; à Dieu, religion des religions, tolérance infinie de toutes les intolérances humaines. Mais n'ayons pas la témérité de le définir ; le moi divin révélé par l'instinct, Dieu senti et non défini est la majestueuse, l'immense unité où toutes les intelligences et tous les cœurs sont sûrs de pouvoir s'embrasser sans se blesser, se mêler sans se confondre.

Déjà l'un des chefs les plus illustres de l'Islamisme nous a donné l'exemple et nous attend au rendez-vous.

Dans un livre terminé le 27 mai, jour de la Pentecôte 1855, et publié la même année, Abd-el-Kader dit ces paroles bien remarquables dans la bouche d'un musulman :

« Au fond, ces trois religions (Judaïsme, Christianisme et Mahométisme) n'en font qu'une, et les dissidences qui les séparent portent sur des points de détail. On pourrait les comparer aux enfants d'un même père qui sont nés de mères différentes. Si les Musulmans et les Chrétiens voulaient m'en croire, ils se mettraient d'accord et ils se traiteraient en frères, et pour le fond et pour la forme. »

Moi, j'aimerais à voir ma vieille mère, l'Eglise catholique, malgré ces dix-huit cents ans, se mettre à la tête du mouvement qui emporte l'humanité vers une orthodoxie nouvelle. Elle le peut, car elle a le droit d'interpréter et de modifier ses dogmes ; elle le doit si elle est jalouse de reprendre la direction religieuse des esprits par une preuve éclatante d'universalité et d'infaillibilité.

Auguste Guyard.

DEUXIÈME LETTRE

AUX GENS DE FROTEY

DE LA DIGNITÉ DE L'HOMME.

> « Le parfum dit la fleur qui le distille ; le ruisseau, la
> source qui l'alimente ; le rayon, le foyer d'où il émane
> « Parfum, ruisseau qui sent, rayon qui aime et qui
> pense, l'homme est à la fois l'émanation, la révélation,
> et l'évidence de la Divinité. »　　　　(*Quintessences.*)

> « Connais-toi toi-même. »

Mes chers Concitoyens,

Tous les maux de l'homme viennent de son ignorance
et principalement de l'ignorance de lui-même, c'est-à-
dire de ce qu'il ne sait ni *ce qu'il est*, ni *d'où il vient*, ni
où il va. Ne pas connaître sa nature, son origine, sa destinée c'est être évidemment incapable de s'estimer, de se
respecter à sa juste valeur, incapable de vouloir et de pouvoir rien pour devenir meilleur et plus heureux: car
l'homme ne veut que ce qu'il connaît, et ne peut que ce
qu'il veut; autrement dit: seul qui sait, veut; et seul qui
veut, peut.

C'était donc une bien profonde sagesse que cette sagesse
ou *sophie* des Grecs qui déjà, il y a deux mille cinq cents
ans, gravait au fronton des temples ces deux petits mots
d'un si vaste sens : CONNAIS-TOI TOI-MÉME. C'est qu'elle
enseignait déjà, cette sagesse précoce, que l'homme est
un petit monde abrégé, réduction du grand monde et de
ses lois, et que savoir l'homme, c'est savoir aussi Dieu,
l'Univers et ses lois ; c'est tout savoir.

Avant toute autre chose donc, il me faut, mes amis, commencer par vous apprendre ce que vous êtes.

Ce que nous sommes! allez-vous sans doute me répondre en chœur, ce que nous sommes nous autres laboureurs, vignerons, artisans et manouvriers! mais nous ne le savons que trop déjà : de pauvres paysans, des forçats de la glèbe, de malheureux prolétaires des champs, des hommes de rien.

Paysans et forçats! hommes et rien! quelle injuste ou ignorante, quelle blasphématoire et monstrueuse association de mots! Venez donc, mes amis, que je vous explique ce que c'est qu'un homme, et ce que c'est qu'un paysan.

Mais non, ce n'est pas moi, c'est un docteur bien autrement autorisé que moi qui va vous enseigner quels vous êtes : c'est le Fils, le Verbe de Dieu, la lumière du monde; c'est le Christ lui-même. Ecoutez ce qu'il vous dit dans la personne de ses apôtres, prolétaires des champs comme vous :

« Quand vous priez, n'usez pas de vaines redites comme les païens, car *votre père* sait de quoi vous avez besoin avant que vous le lui demandiez.

Vous donc priez ainsi : *Notre père* qui es au ciel, ton nom soit sanctifié; ton règne vienne; ta volonté soit faite sur la terre comme au ciel, etc. » (*St-Mathieu,* ch. VI. v. 7 à 10).

Vous entendez, mes amis, Dieu est votre père, vous êtes les enfants de Dieu, vous venez de Dieu : voilà votre origine.

Mais le Christ prévoyait bien qu'un jour l'hérésie dénierait à l'homme sa filiation directe de l'Etre des êtres, et voudrait lui donner le néant pour père; aussi le Docteur des docteurs a-t-il protesté d'avance contre cette funeste doctrine. Entendez en quels termes précis il affirme à ses apôtres la consubstantialité de l'homme et de Dieu :

« Je suis en mon père, vous êtes en moi et je suis en vous. (*St-Jean*, ch. XIV, v. 19).

« Vous connaîtrez que je suis en mon père et que vous êtes en moi et que je suis en vous. (*St-Jean* ch. XIV, v. 18 à 21).

« Je suis en eux, ô mon père ! et tu es en moi, afin qu'ils soient perfectionnés dans *l'unité.* » (*St-Jean*, ch. XVII, v. 23).

Mes amis, voilà votre nature : vous êtes de substance divine.

Et si l'immortelle destinée de l'homme ne découlait pas nécessairement de sa source et de son essence divines, l'Evangile est plein de passages qui la lui révèlent. J'en prends deux au hasard.

Jésus expirant dit au bon larron : « Je te dis en vérité que tu seras aujourd'hui avec moi dans le Paradis. » (*St-Luc*, ch. XXIII, v. 43).

Jésus adresse à Marie-Madeleine ces paroles qui résument toute sa doctrine sur l'origine, la nature et la fin de l'homme :

...« Va vers mes frères et dis-leur que je monte vers mon père et votre père, vers mon Dieu et votre Dieu. » (*St-Jean*, ch. XX, v. 17).

Cela voulait dire aux juifs, la plupart incrédules à l'endroit de l'immortalité de l'âme: « Ne soyez pas trompés par les apparences. La mort n'est pas la fin, l'anéantissement de la vie ; c'en est au contraire un nouvel état, une évolution nécessaire, un développement lumineux à travers les mystères du tombeau. Le mourant c'est l'insecte humble et rampant qui se transforme dans le sommeil de la chrysalide pour se réveiller libre enfant de l'air dans le papillon radieux. La mort est une renaissance et une transfiguration de notre personnalité, sa première ascension vers l'être et la vie universels sur l'échelle du progrès sans fin. La mort est pour l'homme la plus sublime des initiations ; c'est la révélation instantanée de son passé ; l'explosion de son sentiment et de sa conscience dans tous les êtres auxquels il était mêlé, sans le savoir, dans les divers degrés de sa vie terrestre ; c'est le sentiment et la conscience d'une ubiquité relative ; la mort, en un mot, c'est l'immortalité ou la résurrection que mon père m'a chargé de vous révéler, et que vous m'entendez prêcher tous les jours. »

Ainsi d'après l'implicite enseignement du Christ, Fils de Dieu et Fils de l'Homme, du Christ notre Frère consubstantiel, l'homme est enfant de l'éternel et de l'infini, c'est un germe divin contenant en virtualité les attributs de Dieu, qu'il doit dérouler et manifester par un progrès indéfini.

J'espère, mes amis, que vous vous trouverez assez nobles comme cela, et que vous n'ambitionnerez pas plus que moi les qualifications vaines de baron, de comte, de marquis... Cependant si quelqu'un d'entre vous avait le goût de la particule, qu'il signe hardiment Pierre, Claude ou Jean de Dieu ; et s'il est poursuivi pour usurpation de titres, je me charge de revendiquer et de prouver son droit.

Cette manière de signer en vaudrait bien une autre ; ce me semble. En nous rappelant sans cesse notre descendance directe de la Grandeur, de la Perfection et de la

Bonté souveraines, elle nous forcerait au respect constant de Dieu et du prochain en nous-mêmes et de nous-mêmes dans les autres, c'est-à-dire à la pratique de tous nos devoirs religieux et sociaux; car noblesse divine, bien plus que noblesse humaine, oblige.

Quoique l'homme ait tout à gagner et rien à perdre à se grandir à ses propres yeux, vous entendrez bien des gens qui, par ignorance, scrupule ou paresse, réclameront contre cette sublimité de nature, d'origine et de fin que le Christ est venu nous révéler; et peut-être, vous-mêmes allez-vous tout d'abord vous récrier contre une doctrine qui vous relève si haut du néant, du rien où vous vous abîmez. C'est pourquoi nous allons chercher ensemble, en vous-mêmes et dans les autres, dans l'instinct, dans l'intelligence et dans la volonté de l'homme, une confirmation, des preuves irréfragables de cette divine généalogie que le Christ se contente de nous affirmer.

Qu'est-ce en vous, dites-moi, mes amis, que l'amour quand même de la vie et la crainte de la mort? qu'est-ce que vos pieux respects et vos chers souvenirs des trépassés? qu'est-ce que votre insatiable appétit pour de nouvelles *ouvrées* de vignes, de nouvelles *fauchées* de prés, de nouvelles *quartes* de champs? qu'est-ce que vos désirs de voir vos enfants plus riches, plus instruits, plus heureux que vous? qu'est-ce, chez quelques-uns de ceux-ci, que le goût pour le changement, pour les voyages, pour l'étude, pour d'autres professions qu'ils croient plus relevées que les vôtres? qu'est-ce que votre attrait pour le plaisir, votre répulsion pour la douleur; vos vagues rêveries, vos châteaux en Espagne? qu'est-ce que ces tristesses et ces dégoûts qui succèdent à vos jouissances matérielles?

qu'est-ce que vos plaintes continuelles du présent et ces espérances d'un meilleur avenir qui, même en vous trom-
pant toujours, vous accompagnent jusqu'à la dernière
heure? qu'est-ce en vous que tout cela? Sinon autant de
voix divines qui, des profondeurs de l'instinct, du sentiment et de la conscience, vous crient sans cesse : ô
homme! émanation de l'infini, tu le contiens virtuel-
lement, et tes ambitions, tes agitations, tes tristesses ne
sont en toi que la *nostalgie de l'infini* que tu as besoin
de réaliser!

Les découvertes et les inventions de son intelligence
prouvent chez l'homme la même extraction divine, la
même soif de l'infini.

Par la seule force de sa pensée, le philosophe a décou-
vert l'Unité de Dieu sous cette multiplicité qui éclate de
toutes parts dans la nature, et qui enseigne le polythéisme
à la multitude irréfléchie ; il a sondé l'insondable, défini
l'indéfinissable, analysé, dénombré les attributs divins et
trouvé les lois de l'esprit et de la matière !

Le poëte, l'artiste créent des mondes nouveaux d'idées,
de formes, de sons et de combinaisons dans leur pour-
suite du beau idéal !

Le mathématicien découvre la formule symbolique de
l'infini ! L'astronome, le physicien prouvent contre les
apparences la rotation de la terre autour du soleil; ils
mesurent, pèsent, analysent les astres ; calculent des dis-
tances qui bouleversent l'imagination ; annoncent à quelques minutes près les éclipses du soleil, de la lune, des
planètes, et des centaines d'années à l'avance, le retour
des comètes; ils précisent les points du ciel où l'on dé-
couvrira un jour des astres nouveaux.

Le naturaliste et le géologue lisent sur des empreintes de coquilles, de plantes et d'animaux, sur l'inclinaison d'une roche ou la profondeur d'une couche de terrain, sur les scories d'un volcan éteint, la genèse de notre globe, l'histoire de ses révolutions, l'âge de ses montagnes, de ses continents, et reconstruisent avec des fragments d'os, au moyen d'une seule dent, des animaux disparus depuis des milliers de siècles !

L'anatomiste, le physiologiste surprennent les secrets de la vie organique et l'unité de composition qui relie les modes si divers de ses manifestations ; ils nous disent comment les aliments deviennent du sang ; comment cette chair fluide circule, se décompose, se revivifie par la respiration ; comment fonctionnent les muscles, les nerfs ; quel est le nœud vital, le siége principal de la vie !

De la physiologie, le médecin tire l'art de prévenir les maladies et celui de les guérir, il rend la vue aux aveugles, l'ouïe aux sourds, le mouvement aux paralytiques ; il refait les os qui sont morts ; greffe la chair sur la chair ; transfuse le sang du vif dans les veines du mourant, et transforme les plus violents poisons en médicaments sauveurs !

Le physiologiste philosophe nous montre une même loi présidant à la vie de tous les êtres, des infiniment petits comme des infiniment grands ; les plantes vivant des animaux ; les animaux, des plantes ; les globes célestes, les uns des autres. Il nous fait voir une respiration universelle, la vie partout, le néant nulle part, la mort n'étant qu'une double évolution de la vie en haut et en bas !

Le botaniste, l'horticulteur transforment par l'éducation la prunelle des haies en reine-claude ; le *blesson* et la pomme des bois en beurrés et en reinettes; l'ivraie en froment...

Le chimiste découvre que les atomes de la matière sont soumis à la même loi d'amour que les hommes et les astres, et que l'attraction est ainsi la grande, l'universelle, la commune loi de l'Univers ! Au moyen de cette loi, il trouve dans son creuset les substances élémentaires; il décompose et recompose les corps à la manière de la nature, et va jusqu'à créer de toutes pièces des matières organiques; à faire de l'alcool et du vinaigre avec de l'eau et du charbon !

Le mécanicien produit des forces incommensurables, des forces capables de soulever le monde, si vous donniez un point d'appui à son levier. Il fera mieux : par les machines, il délivrera peu à peu le prolétaire d'un travail qui l'abrutit, pour lui donner, avec un travail modéré, le loisir de cultiver son intelligence, de chercher et de contempler le vrai, le bon et le beau.

Que ne fait pas l'homme par la force de la pensée? Il plonge et vit au fond des eaux! Il s'élève et voyage dans les airs ! Il perfectionne sa vue bornée jusqu'à sonder au-dessus et au-dessous de lui les deux abîmes de l'infini ! Avec le télescope, il découvre, dans une tache blanche du ciel, une fourmillière de soleils dont le moindre est à lui seul plus gros que tout notre système planétaire ! Avec le microscope, il compte dans une gouttelette d'eau tout un monde d'êtres organisés vivants si petits que des milliers s'ébattent à l'aise sur la pointe d'une aiguille ! Il fait du soleil son peintre ordinaire ; avec du feu, il produit de la glace. Il dit à la vapeur : Attèle-toi à mon char ; sois l'âme de mes vaisseaux, de mes machines ; transporte-moi à travers les continents et les mers ; laboure mes champs ; fauche mes moissons ; perce-moi ces montagnes ; fais-moi sauter ces rochers ; tisse et file mes habits... Et la vapeur obéissante hennit joyeuse à la voix de son maître ; elle dévore l'espace et la besogne ; elle fait en une heure l'œuvre de cent heures et de cent hommes ; elle arrête le temps et quadruple la durée moyenne de la vie humaine !

L'homme dit à la foudre : Sois mon courrier ! et docile, la foudre vole, plus rapide à faire le tour de la planète que la grande aiguille de vos *coucous* à faire un tour de cadran ! Demandez-lui des nouvelles de vos fils qui assiégent Pékin ou Mexico, elle vous en rapportera en moins de temps que n'en met le facteur à franchir les deux kilomètres qui séparent Vesoul de Frotey ! Que dis-je ? La terre, en roulant sur elle-même, fait 375 lieues à l'heure, se mouvant ainsi vingt fois plus vite qu'une locomotive, dix fois plus vite qu'un boulet de canon ! L'électricité, elle, arrive et part en même temps ; c'est le mouvement sans translation. Elle vous semblerait à vous, mes amis, arrivée avant d'être partie, puisque je recevrais ici, à midi moins le quart, la dépêche que vous m'enverriez de Vesoul à midi précis.

Pour produire tant de mouvement et de forces, les machines à vapeur consomment une si prodigieuse quantité de charbon, qu'on a calculé le moment où toutes les mines de houille seront épuisées. Mais on a calculé sans la science. Un chimiste a trouvé le moyen de brûler l'eau et nous a ainsi assuré dans les fleuves, les lacs et les mers une source inépuisable de chaleur !

Etonnez-vous, mes amis, poussez des cris d'admiration ! Il y a bien de quoi ! Car moi, qui ai l'habitude de réflé chir à ces merveilles, je ne puis vous en parler de sang-froid ; je suis emporté par l'enthousiasme de la pensée, par le lyrisme de la parole. Mais voici qui est plus étonnant et plus admirable.

Un savant trois fois docteur, ce qui ne l'empêchait pas d'être le plus hardi des penseurs, est venu dire aux igno-rants et aux pauvres : « Jusqu'ici vous avez cru à la né-cessité des maîtres savants et de leurs explications parlées; eh bien, moi, docteur ès-sciences, docteur ès-lettres et docteur en droit, je vous dis que les explications verbales des savants ne vous sont point nécessaires ; que Dieu a créé l'âme humaine capable de s'instruire seule; que tout ignorant émancipé peut faire apprendre ce qu'il ignore lui-même et vérifier qu'on l'a appris; que tout père, toute mère de famille peuvent sans autre science que celle de leur métier, sans *temps,* sans *argent,* sans *liberté,* faire et parfaire l'éducation intellectuelle de leurs enfants. Et ceci n'est point une utopie, c'est un fait, c'est un bienfait justifié par plus de trente années de succès journaliers dans de nombreuses familles riches ou pauvres. »

Cette découverte, l'une des plus belles, des plus impor-tantes de ce siècle, mérite bien une exposition spéciale; elle sera l'objet d'une prochaine lettre.

Enfin, de tous côtés, dans ce siècle de prodiges, d'au-tres généreux penseurs cherchent avec ardeur, et je suis sûr qu'ils les découvriront, les moyens de réaliser sur notre globe toute la somme de perfection et de bonheur qu'y comporte notre espèce. Vous souriez, mon cher abbé M... Ne souriez pas, mon vieil ami. Pourquoi, l'Eden sur terre serait-il une utopie? Toute l'humanité n'y croit-elle pas; les uns, avec moi, par leurs espérances? les autres, avec vous, par leurs regrets? Puisque, selon vous, la perfection et le bonheur ont été notre état primitif dans un beau jardin de l'Asie, planté par les mains de Dieu, pourquoi ne deviendraient-ils pas un jour notre état définitif dans un nouveau Paradis terrestre, œuvre de l'homme réintégré, selon vous, dans ses droits depuis tantôt 2,000 ans? Moi qui n'admets pas l'Eden derrière nous, mais devant nous, je crois fermement que le bonheur sera l'état normal de l'homme ici-bas, dès qu'il connaîtra et suivra les lois de sa nature. Je crois, que Dieu a voulu que l'homme fût l'instrument de sa perfection, afin qu'il en eût le mérite et qu'il en trouvât la récompense sur cette terre même transformée par lui en ciel; et ma foi en l'avenir heureux de l'humanité ne se justifie-t-elle pas par son origine et sa fin divines?

L'utopie, mon cher abbé, c'est d'affirmer que l'humanité qui a pu exister des milliers d'années dans le mal, qui l'amoindrit et finirait par la détruire, ne pourra cependant jamais vivre dans le bien, son élément naturel, dans le bien qui seul peut développer et conserver les êtres; oui, mon vieil ami, l'utopie c'est votre sourire affirmant l'impossibilité du mieux et l'éternité du pire sur la terre. J'en appelle de vous au savant, au saint économiste du Télemaque, au doux et divin Fénélon.

Sans doute, mon cher abbé, le bonheur est le fruit nécessaire de la vertu et de la perfection. Mais la perfection et la vertu peuvent être obtenues par une volonté énergique, persévérante, et l'homme ne manque pas plus de force morale que de force intellectuelle. Laissez-moi en raconter les preuves à mes bons amis de Frotey.

L'histoire foisonne d'illustres exemples de puissance morale, de volonté héroïque.

Socrate innocent boit la ciguë pour ne pas désobéir aux lois de son pays.

Régulus, pour tenir sa parole, retourne à Carthage subir un horrible supplice parce qu'il croit sa mort utile à ses concitoyens.

Léonidas et trois cents Spartiates sacrifient au salut de la Grèce leurs vies payées par celles de vingt mille Perses.

Deux mille cinq cents ans plus tard, Cambronne et la Garde Impériale s'ensevelissent sous des monceaux d'ennemis, en répondant aux sommations de se rendre par cette énergique interjection qui ne s'écrit pas, mais qui voulait dire : *La garde meurt et ne se rend pas !*

La Tour d'Auvergne, sous le canon des mousquets braqués contre sa poitrine, jette le cri d'alarme sauveur de ses compagnons.

Saint François de Salles *veut*, et lui, le plus colère des hommes, en devient le plus doux !

Jeanne d'Arc *veut* et la France est sauvée de la domination anglaise par une jeune fille de 18 ans !

Saint Vincent de Paul *veut*, et, sans le sou au début, il arrive à élever des palais aux enfants trouvés et aux malades pauvres.

Le pape saint Léon *veut*, et, le fléau de Dieu qui s'appelle Attila, s'arrête à Rome devant la crosse d'un Evêque. Sainte Géneviève *veut*, et la frayeur des Parisiens, au bruit de l'arrivée du chef des Huns, se dissipe à la voix d'une bergère.

Je n'en finirais pas si je voulais écrire tous les noms propres d'héroïnes et de héros qui se pressent sans ordre sous ma plume.

La volonté comprime le cri de la douleur au milieu des plus affreux supplices ; elle fait sourire de jeunes vierges sous la dent des lions et des tigres.

C'est la force morale qui, dans tous les temps, chez tous les peuples, dans toutes les religions et dans tous les partis, a fait tous les hommes vraiment grands. Ces philosophes, ces sages, ces saints qui, devenus maîtres d'eux-mêmes, de leurs passions, par la plus glorieuse des victoires ; qui, arrivés à comprendre que l'égoïsme est le plus mauvais des calculs ; que l'amour de soi-même bien ordonné commence par les autres ; que le sacrifice et le dévouement réciproques sont la base de la société, et par conséquent le vrai devoir social, ont eu le courage de l'accomplissement de ce devoir jusqu'au martyre sous toutes ses formes.

Quel prodigieux exemple d'héroïsme moral nous offre cette révolution française si terrible mais si nécessaire, qui en soixante ans a renouvelé la face du monde, et dont les pères, dévorés par leur fille, seront justifiés aux yeux de l'impartiale postérité par ces généreuses et sublimes paroles : « Périssent nos mémoires pourvu que triomphent nos principes. »

C'est surtout dans la force morale, dans la volonté, qu'éclatent la grandeur de l'homme, sa nature et sa destinée divines : car la volonté est la source de toute puissance intellectuelle ; car c'est par la volonté que l'homme sacrifie 'amour de soi à l'amour des autres, le présent à l'avenir ; car c'est par elle seule enfin qu'il peut être vertueux, parfait, et par conséquent fonder un jour le bonheur sur la terre. Attachons-nous donc à faire prédominer de bonne heure, dans l'homme, l'esprit sur la matière, la liberté sur la fatalité : C'est là tout le secret de l'éducation.

Voilà, mes chers amis, quelques échantillons de la grandeur et de la puissance humaines : voilà l'homme tel qu'il s'est manifesté jusqu'ici, c'est-à-dire dans l'humanité encore à l'état d'enfance. Que ne doit-on donc pas attendre dans l'âge viril, d'un enfant qui marche à la vapeur, qui parle, écrit et correspond au moyen de l'électricicité ? Voilà ce que vous êtes tous par nature, et ce que tous vous réaliseriez avec du temps, de l'étude, de la volonté ; car tous les hommes étant de même substance divine, étant tous fils de Dieu, ont nécessairement les mêmes facultés, les mêmes attributs virtuels, le même pouvoir latent de moralité et d'intelligence. Ajoutez à cela, vous, Français, la haute dignité politique à laquelle vous a élevés le suffrage universel qui donne à chacun de vous une part égale de la souveraineté nationale, qui vous fait tous Princes, et vous trouverez réunies en vous tous les titres et toutes les grandeurs qu'il est permis à l'homme d'ambitionner : Enfants de Dieu et Princes souverains !

Ne vous y trompez pas, mes amis, je ne viens point ici dignifier, exalter l'homme pour le mettre au-dessus du devoir, mais au contraire pour l'y assujettir avec plus de rigueur, en l'y assujettissant librement ; car l'homme adhérera volontairement à la loi morale quand il reconnaîtra qu'elle est une nécessité de la nature humaine, comme l'égalité des rayons est une nécessité des corps

sphériques. L'identité substantielle, morale, intellectuelle
que je vous prêche n'est point une confusion panthéisti-
que de l'homme et de Dieu. Le gui qui vit de la séve du
peuplier en est tout à fait séparé par l'espèce? C'est
l'image de l'*identique* et de l'*un* produisant le *divers* et
le *multiple;* des deux personnalités homme et Dieu si
différentes dans la *mêmeté* de leur substance. Cette identité n'est pas non plus un nivellement social destructeur
de toute autorité, de tout ordre, de toute hiérarchie ; c'est
un rappel à votre dignité, au respect scrupuleux de vous-
mêmes et des autres, au respect de la justice, du droit,
de la liberté ; un rappel à l'estime de toutes les fonctions
utiles à la Société, et, par conséquent, à l'estime et au respect de l'autorité, de l'ordre, de la hiérarchie. Dans
l'humanité et dans la nature, tout, malgré l'unité de
substance, n'est-il pas distinct, ordonné, dépendant, hié-
rarchisé? Oui certes, et je suis convaincu que pour être
parfaites et heureuses, les sociétés humaines, doivent se
modeler sur l'organisation de l'homme et de l'univers.

Enfin, l'émancipation à laquelle je vous appelle
est celle seulement de vos vices, de vos faux préjugés,
de vos superstitutions, de vos passions et surtout de
votre ignorance, mère de tous vos maux. Mes amis, ins-
truisez-vous donc! Electeurs, vous devez savoir lire une
profession de foi, écrire un bulletin, compter des votes;
laboureurs, vignerons, horticulteurs, menuisiers, etc.,
vous devez étudier tout ce qui peut perfectionner vos professions spéciales, augmenter votre bien-être et celui de
vos familles, et par là même la prospérité publique;
jeune fille, jeune femme, il vous faut, outre les connais-
sances générales propres à développer et à orner vos es-

prits et vos cœurs, acquérir les notions d'économie domestique nécessaires à la bonne administration d'un ménage; vieillards, vous devez aux jeunes l'exemple de la sagesse, les conseils de votre expérience, que ceux-ci doivent vous demander et suivre; c'est enfin votre devoir à tous, sous peine de déchéance, de travailler à devenir chaque jour plus éclairés, plus religieux, plus fraternels, plus maîtres de vous-mêmes, plus capables de bien élever vos enfants. Oui, mes amis, défrichez, cultivez vos âmes avec non moins de soin que vos jardins, vos vignes et vos champs. Princes souverains, ne faites rien pour dégrader votre royauté; faites tout pour en relever l'éclat; enfants de Dieu, rendez-vous dignes de votre Père céleste qui est toute science, toute bonté, toute beauté, tout amour et tout bien parfait.

Je crois, mes amis, vous avoir suffisamment démontré ce que c'est qu'un homme; dans ma prochaine lettre je vous expliquerai ce que c'est qu'un paysan.

Un dernier mot encore.

Vous avez tous maintenant pu lire et méditer ma première lettre et tous vous connaissez mon but : *Faire de Frotey, moralement surtout, une commune modèle.* Or personne d'entre vous n'a protesté; et non-seulement personne n'a protesté mais vous vous êtes associés à mon intention avec des marques unanimes de sympathie et même, — j'en suis tout honteux, — de gratitude anticipée. De ce jour donc commence pour vous le travail de réforme et d'amélioration que vous avez accepté. Le monde aura désormais les yeux sur nous, prenons-y garde, et n'oublions pas les hautes prétentions que nous avons à justifier ensemble.　　　　AUGUSTE GUYARD.

CATALOGUE RAISONNÉ

DES PRINCIPAUX OUVRAGES DE M. AUGUSTE GUYARD

QUI SE TROUVENT CHEZ Mme G. MAILLEY

23, RUE CASSETTE, A PARIS.

Le but des publications de M. Guyard est bien
moins d'acquérir une vaine gloire littéraire, que de
vulgariser, autant qu'il est en lui, les idées qu'il croit
capables d'améliorer l'homme et de le rendre plus
heureux. L'homme heureux, pour M. Guyard, c'est
l'émancipé de l'ignorance, des faux préjugés et des
passions, qui s'est ainsi rendu digne d'être à la fois
son propre instituteur, son prêtre, son médecin, son
roi et son gouvernement.

C'est à ce but élevé, poursuivi depuis plus de vingt
ans avec une courageuse indépendance, aussi bien
vis-à-vis de ses amis que de ses adversaires, et avec
un grand esprit de conciliation, que les ouvrages de

PROFESSION DE FOI DE L'ÉGLISE GALLICANE, *et Bulle de Clément XIV concernant les jésuites,* brochure petit in-18,   0 fr. 20

Le cent   8 fr.

Par la réimpression de ces deux pièces historiques, M. Guyard a voulu être utile à un grand nombre d'âmes troublées par les graves questions religieuses qui s'agitent en ce moment.

UN SOUVENIR DE PENSION, 3e édit., 1 vol. in-32, par mesdemoiselles Hannah et Méloé Guyard,   0 fr. 50

Il reste quelques exemplaires de cette nouvelle historique qui a eu un grand succès dans le monde enfantin.

POUR PARAITRE PROCHAINEMENT :

LE TRÉSOR DES PAUVRES, 2e édit., in-18,   0 fr. 50

Cet opuscule enseigne aux pauvres et aux ignorants qu'il est une chose bien au-dessus de la fortune et de la science, c'est l'*émancipation intellectuelle* qui, en nous apprenant à penser par nous-mêmes, nous fait véritablement hommes. Ce petit livre, qui révèle aux pauvres le moyen de faire l'instruction de leurs enfants *sans science, sans argent, sans temps ni liberté,* n'est-il pas un vrai trésor pour ceux auxquels il s'adresse?

L'ART D'ÉTUDIER ET L'ART D'ENSEIGNER, 4e édition, 1 vol. in-18,   2 fr.

Ouvrage qui développe le précédent opuscule et s'adresse à tous : aux élèves et aux maitres. Mais il est surtout utile aux personnes qui étudient seules, et aux parents qui veulent faire eux-mêmes, ou surveiller l'éducation de leurs enfants. Ces deux derniers ouvrages ont mérité les éloges de la société et du journal de l'*Emancipation intellectuelle.*

L'ART DE VIVRE CENT ANS ET PLUS, *ou quintessences de physiologie et d'hygiène,* 1 vol. in-18,   3 fr. 50

Envoyer un bon sur la poste du prix des ouvrages demandés, à Mme G. Mailley, 23, rue Cassette, à Paris.

Paris. — Imprimé par E. Thunot et Cie, 26, rue Racine.

EN VENTE

PREMIÈRE LETTRE AUX GENS DE FROTEY sur une commune modèle. Prix : 1 fr., au profit de l'œuvre de Frotey.

Pour paraître prochainement :

TROISIÈME LETTRE AUX GENS DE FROTEY.

Cette lettre qui donnera en bulletin le programme détaillé de l'œuvre pratique de Frotey-lez-Vesoul, traite de la *dignité du paysan et du bonheur de la vie des champs*, en opposition avec la vie misérable des prolétaires des grandes villes.

BULLETIN BIBLIOGRAPHIQUE.

Je recommande tout particulièrement à mes lecteurs, les ouvrages suivants, qui feront certainement partie de la bibliothèque de Frotey.

Le Paysan, *tel qu'il est et tel qu'il devrait être*, par David de Thiais, chez Guillaumin, rue Richelieu. — Poésie de la Charrue ; Beau livre, plus belle action.

L'Extinction du paupérisme, réalisée par les enfants, Par le Dr Savardan, chez Garnier, frères, Palais-Royal.—Œuvre d'un grand esprit et d'un grand cœur.

How to speak french or *French and France*. — Trésor de l'anglais qui veut apprendre vite le français et *vice versâ*. — Chez Galignani, rue de Rivoli.

Méthode de musique vocale, 1re partie par M. Dessirier, chez l'auteur, 50, rue St-Lazare. — Voir page 10 ce que j'en pense.

Dix épines pour une fleur, par Adolphe d'Houdetot. — Mieux intitulé : *Les fleurs sans épines*.—Chez Mme Croissant, 8, rue des Moulins.

La Vie de village en Angleterre. — Par un anonyme dont je voudrais bien être l'ami. — Chez Didier, quai des Grands-Augustins.

Méditations *sur la mort et l'éternité.*—Consolation de la reine d'Angleterre, un des plus beaux livres de ce temps. — Chez Dentu, Palais-Royal.

Les Fables et autres ouvrages, de M. Bourguin. — Hygiène morale des enfants. — Chez Gauguet, rue Cassette.

L'Histoire d'une bouchée de pain, et les autres ouvrages d'éducation de *Jean Macé.*—Chefs-d'œuvre du genre.—Chez Hetzel, rue Jacob.

Cinq semaines en Ballon.— Charme des petits et des grands — par Jules Vernes, chez Hetzel.

AUGUSTE GUYARD.

Paris.—Imp. de E. Donnaud, rue Cassette, 9.